WAS ICH DIR *wünsche*

GROH

Foto: Corbis/Tierra/John Hicks

Das ganze Leben
ist ein großes Abenteuer.
Nicht immer sind wir glücklich
über alles, was uns da begegnet,
und nicht selten zweifeln wir daran,
ob wir auf dem richtigen Weg sind.

WEISST DU WAS?
JA! DU BIST AUF DEM RICHTIGEN WEG!

Ich wünsche dir
für dein Abenteuer „Leben"
ganz viel Mut, Kraft, Gelassenheit,
Klarheit, Offenheit
und noch viel mehr –
aber sieh selbst…

JEDER MENSCH
IST EIN
eigenes
Universum.

Bob Marley

ICH WÜNSCHE DIR,

DASS DU GRENZEN
ÜBERSCHREITEST, NEUE WEGE GEHST
UND AM ENDE DEINEN PLATZ
IM UNIVERSUM FINDEST.

Dass du auch
mal Dinge tust,
die eigentlich nicht deinem

**CHA
RAK
TER**

entsprechen,
das wünsche ich dir.
Raus aus der Komfortzone!

Erfolg hat drei Buchstaben:

T U N !

Johann Wolfgang von Goethe

MUT

DEM NAVI
NACHFAHREN
KANN JEDER, ABER
DIE BEKANNTE ROUTE
VERLASSEN
UND EINEN eigenen
Weg probieren,
DAS ERFORDERT MUT.
UND DEN WÜNSCHE
ICH DIR!

ICH WÜNSCHE DIR, DASS DU die vielen Facetten, DIE DICH AUSMACHEN, ANNEHMEN UND WERTSCHÄTZEN KANNST.

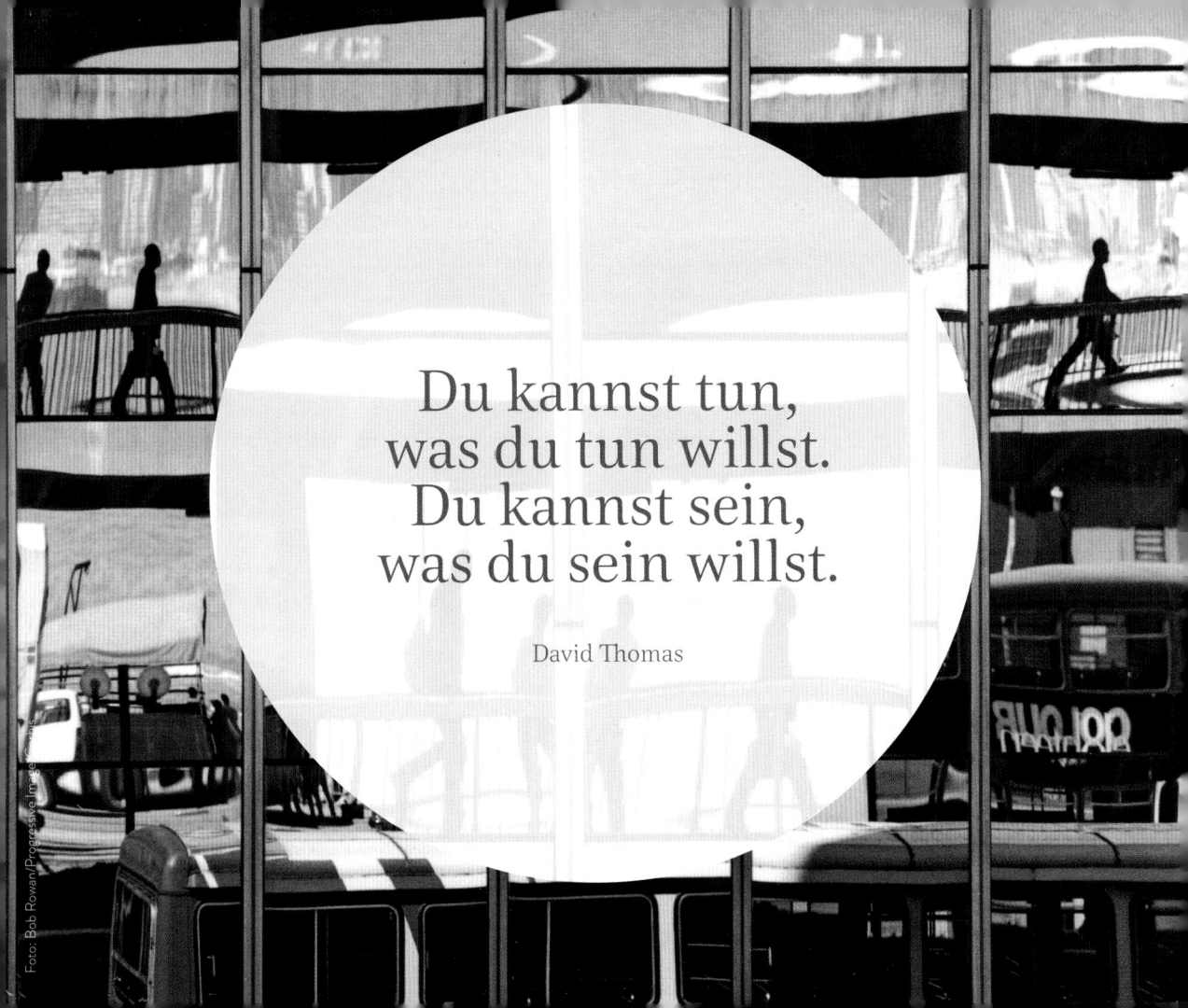

> Du kannst tun,
> was du tun willst.
> Du kannst sein,
> was du sein willst.
>
> David Thomas

ICH
WÜNSCHE DIR,
DASS DU
HERAUSFORDERUNGEN
AUCH MAL
*MIT ABSTAND
BETRACHTEST* –
GANZ OFT
VERLIEREN SIE
DANN IHREN
SCHRECKEN.

KLARHEIT

SEI,
DER DU BIST,
NICHT MEHR,
*NICHT
WENIGER,*
ABER DER SEI!

Peter Altenberg

INDIVIDUALISMUS

Foto: Corbis/Leigh Righton/Crave

HÖRE NIE AUF, AN DEINE TRÄUME ZU GLAUBEN.

UND SEIEN SIE NOCH SO GALAKTISCH. HALTE AN IHNEN FEST!

ES GIBT NUR EINEN ERFOLG: WENN DU DEIN LEBEN *so leben kannst,* WIE DU ES DIR ERTRÄUMT HATTEST.

Francis Bacon

Wenn es dir nicht gut geht,
wünsche ich dir
jemanden, der auf

DICH
AUF
PASST

und dich abschirmt
gegen Dinge,
die dir weh tun.

SCHUTZ

WURZELN

ICH WÜNSCHE DIR LEICHTIGKEIT, UND DASS DU VOR FREUDE richtig abhebst. ABER AUCH STARKE WURZELN, DIE DICH DANACH WIEDER ERDEN.

AN DEN
WICHTIGSTEN
SCHEIDEWEGEN
*UNSERES
LEBENS*
STEHEN KEINE
WEGWEISER.

Charlie Chaplin

ICH WÜNSCHE DIR,

DASS DU DEINEN EIGENEN WEG GEHST.
WENN ANDERE NACH RECHTS ODER
LINKS ABBIEGEN, KANNST DU TROTZDEM
GERADEAUS GEHEN.

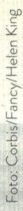

Es ist der Geist, der den

KÖRPER *baut.*

Johann Wolfgang von Goethe

Foto: Corbis/Crave/Daniel Smith

ICH
WÜNSCHE DIR,
DASS DU IM LAUF
DER JAHRE
DIE LEBENSERFAHRUNG
ERLANGST, DIE DICH
IN DEINEM DENKEN
UND HANDELN
sicher werden lässt.
GLAUB
AN DICH!

MAN WEISS NIE,
WAS EINEN
HINTER DER
NÄCHSTEN KURVE
ERWARTET –
ICH WÜNSCHE DIR,
DASS DU
*MUTIG UND
ZIELSTREBIG*
DURCHS LEBEN
GEHST.

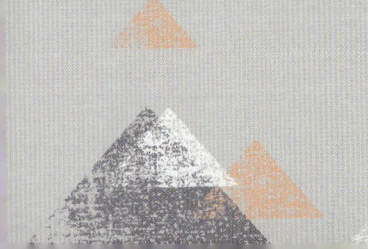

ENTSCHLOSSENHEIT

STILLE IST
INTENSIVES
HÖREN
AUF *die Fülle*
des Lebens
IN UNS UND
UM UNS HERUM.

Antoine de Saint-Exupéry

ICH WÜNSCHE DIR,

DASS DU DIR ZEIT NIMMST
FÜR PURE STILLE, GERADE DANN,
WENN ES HEKTISCH IST.

DASS DU AUF DICH SELBER ACHT GIBST, DASS WÜNSCHE ICH DIR. DASS DU MERKST, WANN DEINE RESSOURCEN ZUR NEIGE GEHEN UND DU EINE PAUSE BENÖTIGST – und dann auch wirklich eine machst.

ACHTSAMKEIT

ES IST
NICHT DER BERG,
DER DIR
ZUM KLETTERN
SO HOCH ERSCHEINT,
ES IST DER KIESEL
IN DEINEM
SCHUH.

Muhammad Ali

ICH WÜNSCHE DIR,

DASS DU DICH TRAUST,
NEUE HERAUSFORDERUNGEN
ANZUNEHMEN.

Du besitzt den Schlüssel,

WARUM

öffnest du die Tür nicht?

Calvin Simeons

MORGEN WERDE ICH
VIELLEICHT
MAL ETWAS FRÜHER
AUS DEM BÜRO GEHEN.
NÄCHSTES JAHR
WÜRDE ICH SO GERNE
NACH ARGENTINIEN…
ICH WÜNSCHE DIR MEHR
„JETZT" ALS „SPÄTER"
UND MEHR „JA"
ALS „VIELLEICHT".

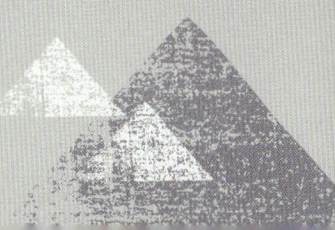

Ich wünsche dir
keine Menschen
um dich herum, die dich
fortwährend kritisieren oder dich
ständig optimieren wollen.

ICH WÜN SCHE

dir stattdessen Menschen,
die dich fördern und
fordern, einfach,
weil sie an
dich glauben.

LICHTGESTALTEN

ALLES FÜHLT
SICH RICHTIG AN,
ALLES IST GUT.
DASS ES ZEITEN GIBT,
UND NICHT ZU WENIGE,
IN DENEN einfach
alles stimmt,
DAS WÜNSCHE
ICH DIR.

GOLDENE ZEITEN

ICH WÜNSCHE DIR,

DASS DICH NICHTS
SO LEICHT UMHAUT, AUCH WENN
ALLES DRUNTER UND DRÜBER GEHT.
SEI SELBST DEIN FELS
IN DER BRANDUNG.

ALLE STÄRKE WIRD NUR DURCH HINDERNISSE ERKANNT, DIE *sie überwältigen* KANN.

Immanuel Kant

DASS DU
AB UND ZU
DIE KRAFT HAST,
*ÜBER DICH
HINAUSZUWACHSEN,*
DAS WÜNSCHE
ICH DIR.

Und niemand weiß,
wie weit seine Kräfte gehen,
bis er sie versucht hat.

Johann Wolfgang von Goethe

HARTE ARBEIT
IST EINE NOTWENDIGE,
ABER NICHT HINREICHENDE
BEDINGUNG FÜR
DIE ERREICHUNG EINES
AMBITIONIERTEN ZIELES,
entscheidend ist,
DASS MAN ES ZUVOR
BEREITS GEDANKLICH
ERREICHT HAT.

Thom Renzie

IMMER WEITER, IMMER HÖHER

SOLLTE NICHT
DEIN LEBENSMOTTO SEIN.
ABER ICH WÜNSCHE DIR ZIELE,
DIE DICH ANSPORNEN UND DICH
EINEN POSITIVEN EHRGEIZ
ENTWICKELN LASSEN.

ICH
WÜNSCHE DIR,
DASS DU EINE
ANDERE PERSPEKTIVE
EINNIMMST,
WENN DU
DEN ÜBERBLICK
VERLIERST –
OFT HILFT DISTANZ,
UM EINE SITUATION
NEU BEWERTEN
ZU KÖNNEN.

WEITBLICK

Foto: Corbis/Grave/Simon Marcus

ICH
WÜNSCHE
DIR,

DASS DU DIR
GENUG ZEIT NIMMST,
DAS LEBEN
ZU GENIESSEN.

DER KULTIVIERTE
BEDAUERT NIE
einen Genuss.
DER UNKULTIVIERTE
WEISS
ÜBERHAUPT NICHT,
WAS EIN GENUSS IST.

Oscar Wilde

DASS DU IMMER JEMANDEN AN DEINER SEITE HAST, DER DIR den Rücken stärkt, WENN DU ALLEINE NICHT WEITERKOMMST, DAS WÜNSCHE ICH DIR.

FREUNDSCHAFT

Foto: Corbis/Latitude/Eric and David Hosking

ICH WÜNSCHE DIR,

DASS DU IMMER WIEDER
NEU STARTEST,
AUCH WENN DEIN MOTOR
MAL STOTTERT.

Foto: Corbis/Encyclopedia/Kevin Fleming

WER,
Wenn nicht wir?
WO,
Wenn nicht hier?
WANN,
Wenn nicht jetzt?

Jüdisches Sprichwort

BEI EINEM FLUSS
IST DAS WASSER,
DAS MAN BERÜHRT,
DAS LETZTE VON DEM,
WAS VORÜBERGESTRÖMT IST,
UND DAS ERSTE VON DEM,
WAS KOMMT.
SO IST ES AUCH
MIT DER GEGENWART.

Leonardo da Vinci

DASS DU DICH EINFACH MAL TREIBEN LÄSST,

OHNE DIR
STÄNDIG GEDANKEN ZU MACHEN,
DAS WÜNSCHE ICH DIR.

*Manchmal fühlt sich das Leben an
wie ein unübersichtliches Labyrinth.*

ICH
WÜNSCHE
DIR,

DASS DU DEN MUT HAST,
AUCH MAL EINE NEUE ABZWEIGUNG
AUSZUPROBIEREN.

DAS EBEN GESCHIEHT
DEN MENSCHEN,
DIE IN EINEM IRRGARTEN
HASTIG WERDEN:
Eben die Eile
FÜHRT IMMER TIEFER
IN DIE IRRE.

Seneca

DASS DU AUCH TAGEN, AN DENEN GEFÜHLT ALLES SCHIEF LÄUFT, NOCH etwas Gutes ABGEWINNEN KANNST, DAS WÜNSCHE ICH DIR.

VERTRAUEN

Foto: Corbis/Comet/Micha Pawlitzki

ES GIBT SITUATIONEN, DIE UNÜBERSICHTLICH UND UNÜBERWINDBAR ERSCHEINEN. ICH WÜNSCHE DIR, DASS DU DIE LAGE WEDER ÜBERBEWERTEST, NOCH SIE AUF DIE LEICHTE SCHULTER NIMMST – SONDERN *die richtige Balance* FINDEST, UM SIE ZU MEISTERN.

Wir sollten
alles gleichermaßen
vorsichtig wie
auch zuversichtlich
angehen.

Epiktet

DER MENSCH
HAT BEKANNTLICH
VIELE WÜNSCHE –
DU BESTIMMT
AUCH.
DASS DU AN DEINEM
GRÖSSTEN TRAUM
FESTHÄLTST,
DAS WÜNSCHE ICH DIR,
UND AUCH DASS ER
IN ERFÜLLUNG
GEHT!

Wünsche sind
die beachtlichsten
Brückenbauer
und die
mutigsten Begeher.

Elfriede Hablé

BODENHAFTUNG

Ich wünsche dir Erfolg,
und dass du erreichst,
was du dir

VOR
NIM
MST.

Ich wünsche dir
aber auch, dass du
nie die Bodenhaftung
verlierst.

ICH WÜNSCHE DIR Gelassenheit: WOZU ENERGIE VERSCHWENDEN AN DINGE, DIE SICH NICHT ÄNDERN LASSEN?

Alles ist im
FLUSS.

Heraklit

Foto: Corbis/Flame/Owaki - Kulla

DU BIST
EIN WUNDERWERK
DER NATUR.
ALLES AN DIR MACHT DICH
ZU DEM MENSCHEN,
DER DU BIST.
ICH WÜNSCHE DIR,
DASS DU LERNST,
DICH ZU LIEBEN,
*MIT ALLEN ECKEN
UND KANTEN,*
DIE DAZUGEHÖREN.

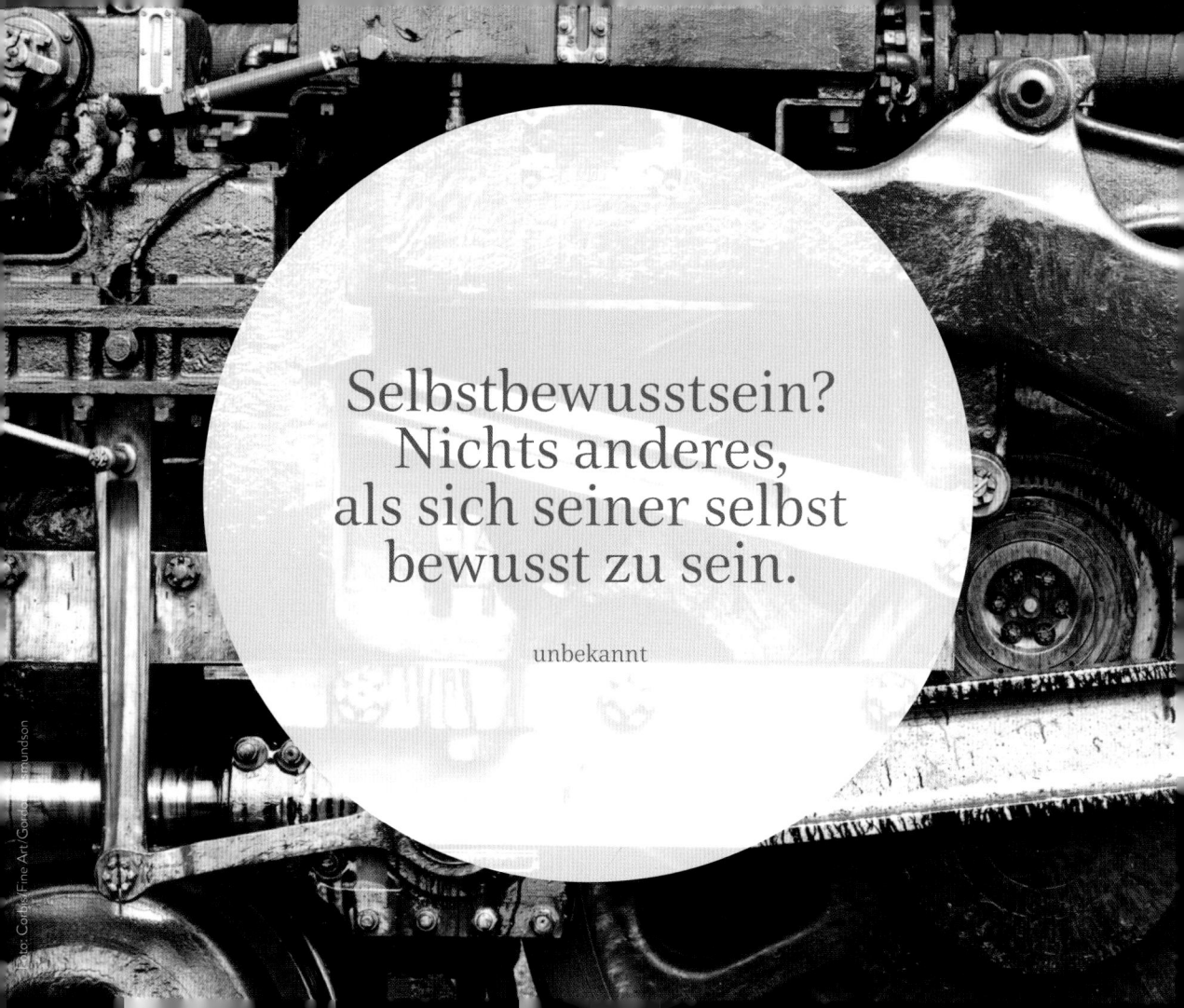

Selbstbewusstsein?
Nichts anderes,
als sich seiner selbst
bewusst zu sein.

unbekannt

ICH WÜNSCHE DIR GEDULD.

RENN DEN DINGEN NICHT HINTERHER – WAS PASSIEREN SOLL, PASSIERT.

DAS GRAS WÄCHST *nicht schneller,* WENN MAN DARAN ZIEHT.

aus Afrika

ICH
WÜNSCHE DIR,
DASS DU IMMER
eine Perspektive hast.
DIE ZUKUNFT
HÄLT GUTES FÜR
DICH BEREIT.

PERSPEKTIVEN

DAS WESENTLICHE KOMMT MEIST *auf leisen* SOHLEN.

Eduard Mörike

ICH
WÜNSCHE
DIR,

DASS DU MÖGLICHST OFT ZEIT FINDEST,
DICH AUF DAS WESENTLICHE
ZU BESINNEN.

KRAFT

Foto: Corbis/Contemporary Artist/Nicola Dill

Dass du
die höchsten Gipfel
dieser Welt besteigst,
das erwartet niemand von dir –
ich wünsche dir aber,
dass du die Kraft hast, alles

ZU
SCHA
FFEN,

was du dir
vorgenommen hast.

ICH WÜNSCHE DIR,
DASS DU IN
DEINEM TÄGLICHEN LEBEN
DIE ANERKENNUNG
BEKOMMST,
*DIE DU
VERDIENT HAST,*
UND DU SIE
GENAUSO AN ANDERE
WEITERGIBST.

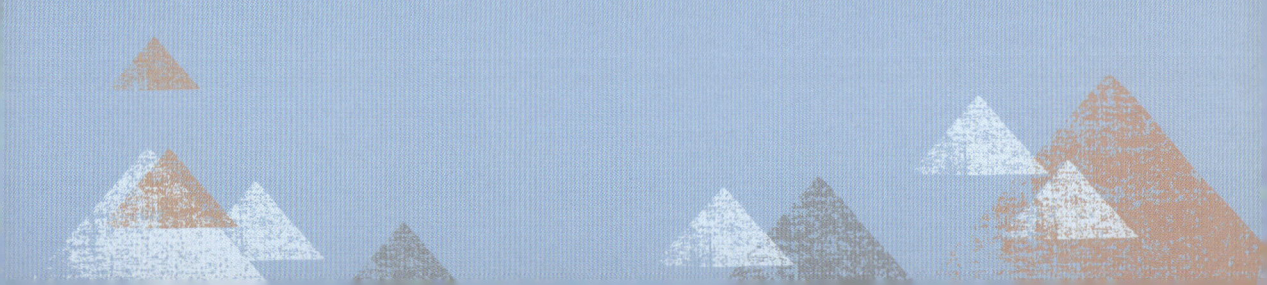

Die große Welt spiegelt sich im
KLEINSTEN.
aus Taiwan

DAS DURCHSCHNITTLICHE
GIBT DER WELT
IHREN BESTAND,
DAS AUSSERGEWÖHNLICHE
IHREN WERT.

Oscar Wilde

ICH
WÜNSCHE
DIR,

DASS DU DEINER KREATIVITÄT
FREIEN LAUF LÄSST UND DIR DEIN LEBEN
NACH EIGENEN VORSTELLUNGEN GESTALTEST.
SEI AUSSERGEWÖHNLICH!

ZUFLUCHT

DASS DU IMMER
EINEN ORT HAST,
AN DEN DU
ZURÜCKKEHREN
KANNST UND DER
FÜR DICH eine
Zuflucht ist,
DAS WÜNSCHE
ICH DIR.

ABWECHSLUNG IST NICHT DIE *Würze des Lebens,* SONDERN DESSEN SUBSTANZ.

Friedrich Hacker

ICH WÜNSCHE DIR,

DASS DU DURCH BEGEGNUNGEN MIT INTERESSANTEN MENSCHEN IMMER WIEDER NEUE IMPULSE FÜR DEIN EIGENES LEBEN MITNIMMST.

Hebt man den

BLICK,

so sieht man keine Grenzen.

aus Japan

Ich wünsche dir,
dass du dich

NICHT AUFH ALTEN

lässt.
Du bist stärker,
als du denkst,
und die Hürde niedriger,
als dir bewusst ist.
Lauf los!

WENN DU
DAS GEFÜHL HAST,
DEIN LEBEN
VERSINKT IM CHAOS,
nimm dir die Zeit,
DICH ZU ORDNEN.
ICH WÜNSCHE DIR,
DASS DU BALD
WIEDER KLARER
SIEHST.

STRUKTUR

*ICH WÜNSCHE
DIR NICHT,
DASS IMMER NUR
ALLES RUND LÄUFT,
DAS WÄRE
AUCH ZIEMLICH
LANGWEILIG.
DASS ABER IMMER ÖFTER
EIN RÄDCHEN INS
ANDERE GREIFT
UND DADURCH
PRODUKTIVE PROZESSE
IN GANG GESETZT WERDEN,
DAS WÜNSCHE
ICH DIR.*

Übe dich in Langsamkeit.

Novalis

MUSIK

Foto: Corbis/Masterfile/Masterfile

ICH WÜNSCHE DIR,
DASS DU
ZU JEDER SITUATION
*DEN PASSENDEN
SOUNDTRACK*
ABRUFEN KANNST,
DER DICH ANTREIBT,
DEINE LAUNE BESSERT
ODER AUCH RUNTERHOLT -
JE NACHDEM,
WAS DU GERADE
BRAUCHST.

HUMOR IST
EINE GROSSARTIGE
BEFREIENDE SACHE.
IN DEM AUGENBLICK,
WENN ER ZUTAGE TRITT,
VERFLIEGT ALL UNSER
ÄRGER UND VERDRUSS
UND *eine strahlende
Heiterkeit* TRITT
AN IHRE STELLE.

Mark Twain

ICH WÜNSCHE DIR,

DASS DU DIR, WENN DU DIR
MAL WIEDER VORKOMMST
WIE AUF DEM FALSCHEN PLANETEN,
DEINEN HUMOR BEWAHRST.

ZEIT

ZEIT ZUM NICHTSTUN,
ZEIT ZUM FAULENZEN,
ZEIT ZUM LESEN,
ZEIT ZUM GENIESSEN,
ZEIT ZUM ABSCHALTEN
und einfach „da" sein,
DAS WÜNSCHE
ICH DIR.

Ich wünsche dir,
dass du deine Möglichkeiten

UND
CHAN
CEN

erkennst.
Die Welt steht dir offen!
Mach was draus!

CHANCEN

multiplizieren sich, wenn man sie ergreift.

Sun Tzu

HAB KEINE ANGST DAVOR, ALLEINE ZU SEIN. ICH WÜNSCHE DIR, DASS DU diese Zeit nutzt, UM DEINEN GEDANKEN FREIRAUM ZU GEBEN.

Niemals bin ich weniger müßig als in meinen Mußestunden, und niemals weniger einsam, als wenn ich ALLEIN *bin.*

Cicero

WENN MAL
NICHT ALLES
NACH PLAN LÄUFT,
WÜNSCHE ICH DIR,
DASS DU AUS
EINBAHNSTRASSEN
UND SACKGASSEN
LETZTENDLICH
*DAS BESTE
MACHST.*

Das AUSSERORDENTLICHE
*geschieht nicht auf glattem,
gewöhnlichem Wege.*

Johann Wolfgang von Goethe

EGOISMUS

Foto: Corbis/Terra/Pat O'Hara

ICH WÜNSCHE DIR NICHT, DASS DU GLEICH ZUM NARZISS WIRST, ABER ETWAS *gesunden Egoismus*, DEN WÜNSCHE ICH DIR DURCHAUS.

ZUSAMMENHALT

Foto: Corbis/Encyclopedia/Richard Hamilton Smith

Ich wünsche dir
Menschen an deiner Seite,
mit denen zusammen du

HERAUS
FORDER
UNGEN

anpacken und am Ende
meistern kannst.

ES IST
NICHT SO SEHR
DIE HILFE
DER FREUNDE,
DIE UNS HILFT,
SONDERN VIELMEHR
das Vertrauen darauf,
DASS SIE UNS
HELFEN WERDEN.

Epikur

QUALITÄT STATT QUANTITÄT:

ICH WÜNSCHE DIR
EINE HANDVOLL WIRKLICH GUTER FREUNDE,
AUF DIE DU DICH VERLASSEN KANNST.

ICH WÜNSCHE DIR FANTASIE! SEI VERRÜCKT und denk um die Ecke – WIE SPANNEND, WAS SICH DARAUS ALLES ERGEBEN KANN.

KREATIVITÄT

Jeder Mensch
ist ein Clown,
aber nur wenige
haben den Mut,
es zu zeigen.

Charlie Rivel

DEINE KLAMOTTEN
SIND EXTRAVAGANT?
DEINE HAARE GRÜN?
DEIN HUMOR SCHRÄG?
GENIAL!
ICH WÜNSCHE DIR,
DASS DU DICH
*VON NICHTS
UND NIEMANDEM*
VERBIEGEN LÄSST.

SIEH AB UND ZU GENAUER HIN.

ICH WÜNSCHE DIR
EIN GUTES AUGE FÜR
DIE BESONDEREN AUGENBLICKE
DES LEBENS.

Foto: Corbis/Spirit/Marnie Burkhart

AUF DEN GEGENWÄRTIGEN
AUGENBLICK KOMMT ES AN.
VERGANGENHEIT UND ZUKUNFT
BESTEHEN NUR
AUS EINER REIHE
GEGENWÄRTIGER
AUGENBLICKE,
ABER WIR NEIGEN DAZU,
IHRE BEDEUTUNG ZU ÜBERTREIBEN,
WEIL SIE VERGANGEN
ODER WEIL SIE
NOCH NICHT DA SIND.

unbekannt

AUCH WENN
ES MANCHMAL
WICHTIG IST,
„DEIN DING"
DURCHZUZIEHEN,
WÜNSCHE ICH DIR,
DASS DU AUCH EIN
guter Teamplayer bist,
WENN ES DARAUF
ANKOMMT.

TEAMGEIST

Ich wünsche dir,
dass du dir ab und zu
bewusst machst, wie

VIEL SCHÖNES

es in deinem Leben gibt,
auch wenn der Alltag
dir nicht immer
die Zeit dazu lässt.

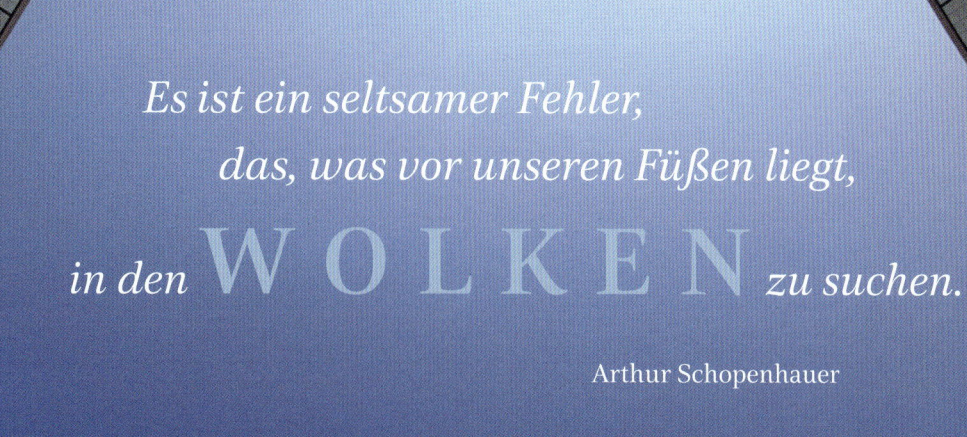

*Es ist ein seltsamer Fehler,
das, was vor unseren Füßen liegt,
in den* WOLKEN *zu suchen.*

Arthur Schopenhauer

JEDER MÖCHTE
ETWAS VON DIR –
DEADLINES, TERMINE,
VERABREDUNGEN,
UND DAS TAG FÜR TAG.
DABEI KOMMST
DU SELBST ZU KURZ.
HOL DIR DEINEN
PLATZ ZURÜCK!
ICH WÜNSCHE DIR
genug Raum,
UM AUCH MAL
NUR AN DICH
ZU DENKEN.

RAUM

Foto: Corbis/Nomad/Catherine Karnow

ICH WÜNSCHE DIR,

DASS DU DICH
KEINEM GRUPPENZWANG UNTERWIRFST,
SONDERN SO BLEIBST, WIE DU BIST.

WILLST DU
IN FRIEDEN
MIT DIR
SELBST LEBEN,
DANN VERSUCHE NICHT,
MEHR ZU SEIN,
ALS DU BIST,
ABER SEI DAS,
WAS DU BIST,
GANZ.

Richard Wagner

DASS DU
DAUERHAFT ABHEBST,
DAS WÜNSCHE
ICH DIR NICHT.
Ich wünsche dir aber,
DASS ES DURCHAUS
MOMENTE IN
DEINEM LEBEN GIBT,
IN DENEN DU DICH
FREI UND LEICHT
FÜHLST.

LEICHTIGKEIT

LAUF LOS!
TRAU DICH!

ICH WÜNSCHE DIR
ENTSCHLOSSENHEIT UND MUT.

DIE ENTFERNUNG
IST UNWICHTIG.
NUR *der erste Schritt*
IST WICHTIG.

Marquise du Deffand

GIBT ES ETWAS
ANSTRENGENDERES ALS
*STÄNDIGES
HIN UND HER?*
ICH WÜNSCHE DIR,
DASS DU EINE
ENTSCHEIDUNG TRIFFST,
WENN DU EINE
BRAUCHST.

Hab den Mut, lieber eine falsche Entscheidung zu treffen, als gar keine.

Bernd Winkel

DAS LEBEN
IST OFT
EIN BALANCEAKT,
UND NICHT IMMER
SCHAFFT MAN ES,
*IM GLEICHGEWICHT
ZU BLEIBEN.*
ICH WÜNSCHE DIR,
DASS ES DIR
MEISTENS
GELINGT.

GLEICHGEWICHT

DU BIST SELBST
FÜR DEIN LEBEN
VERANTWORTLICH,
UND DAFÜR, wie bunt es ist!
ICH WÜNSCHE
DIR NICHT, DASS DU
DARAUF WARTEST,
DASS ANDERE
DEIN LEBEN
IN DIE HAND NEHMEN,
SONDERN DASS
DU SELBST
AKTIV WIRST.

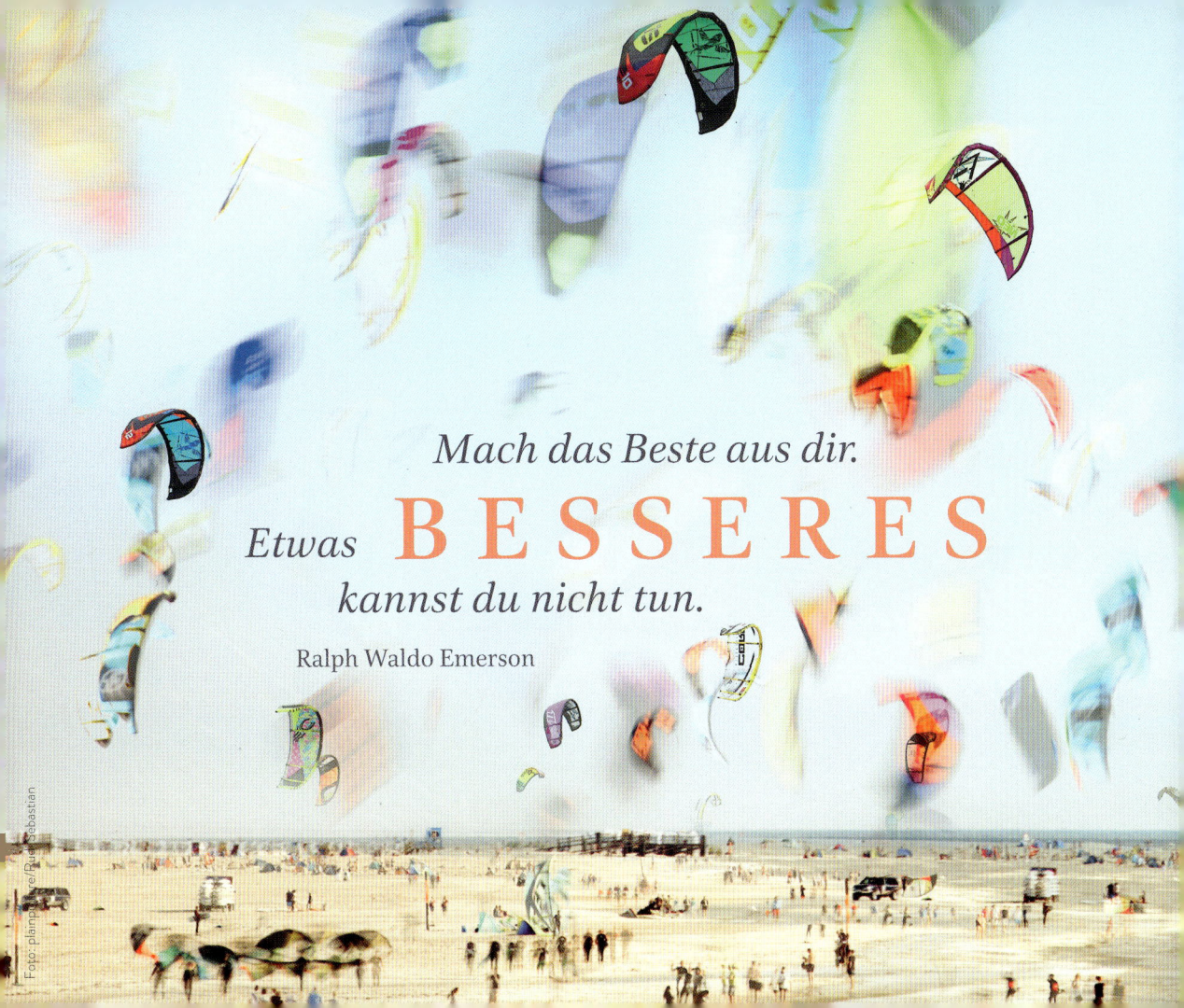

Mach das Beste aus dir.
Etwas BESSERES
kannst du nicht tun.

Ralph Waldo Emerson

KOMPLETTER TOTALAUSFALL? VERSUCH, RUHIG ZU BLEIBEN UND DARAN ZU DENKEN, WAS DU SCHON ALLES GESCHAFFT HAST. ICH WÜNSCHE DIR, dass du daran glaubst, DASS DU AUCH DIESES PROBLEM LÖSEN KANNST.

OPTIMISMUS

Foto: flonline/George Hammerstein Fancy

Lass dir mal wieder den Kopf freipusten, wenn dir die Ideen ausgehen.

ICH WÜNSCHE DIR,

DASS DU DANACH WIEDER KLARER SIEHST.

NICHTS KANN EINEM *den Weg zu sich selber* BESSER ÖFFNEN ALS EIN SPAZIERGANG DURCH SCHLECHTES WETTER.

Mark Twain

GLATTE GESICHTER,
DIE KEINE GESCHICHTEN
ERZÄHLEN,
KEINE SPUREN EINES
GELEBTEN LEBENS ZEIGEN –
WIE LANGWEILIG.
ICH WÜNSCHE DIR,
DASS DU
*DIE SPUREN
DEINES LEBENS*
MIT WÜRDE TRÄGST.
JEDE KERBE, JEDE NARBE,
JEDE FALTE MACHT DICH
EINZIGARTIG
UND SCHÖN.

WÜRDE

Foto: Carlos Masterlife/Frank Krämmet

Im größten Chaos
verbirgt sich wahre

KREA
TI.VI
TÄT.

Ich wünsche dir darum,
dass dein Leben nicht nur
in geordneten Bahnen verläuft,
sondern dass ab und zu
das Chaos Einzug hält
und alles durcheinander
wirbelt.

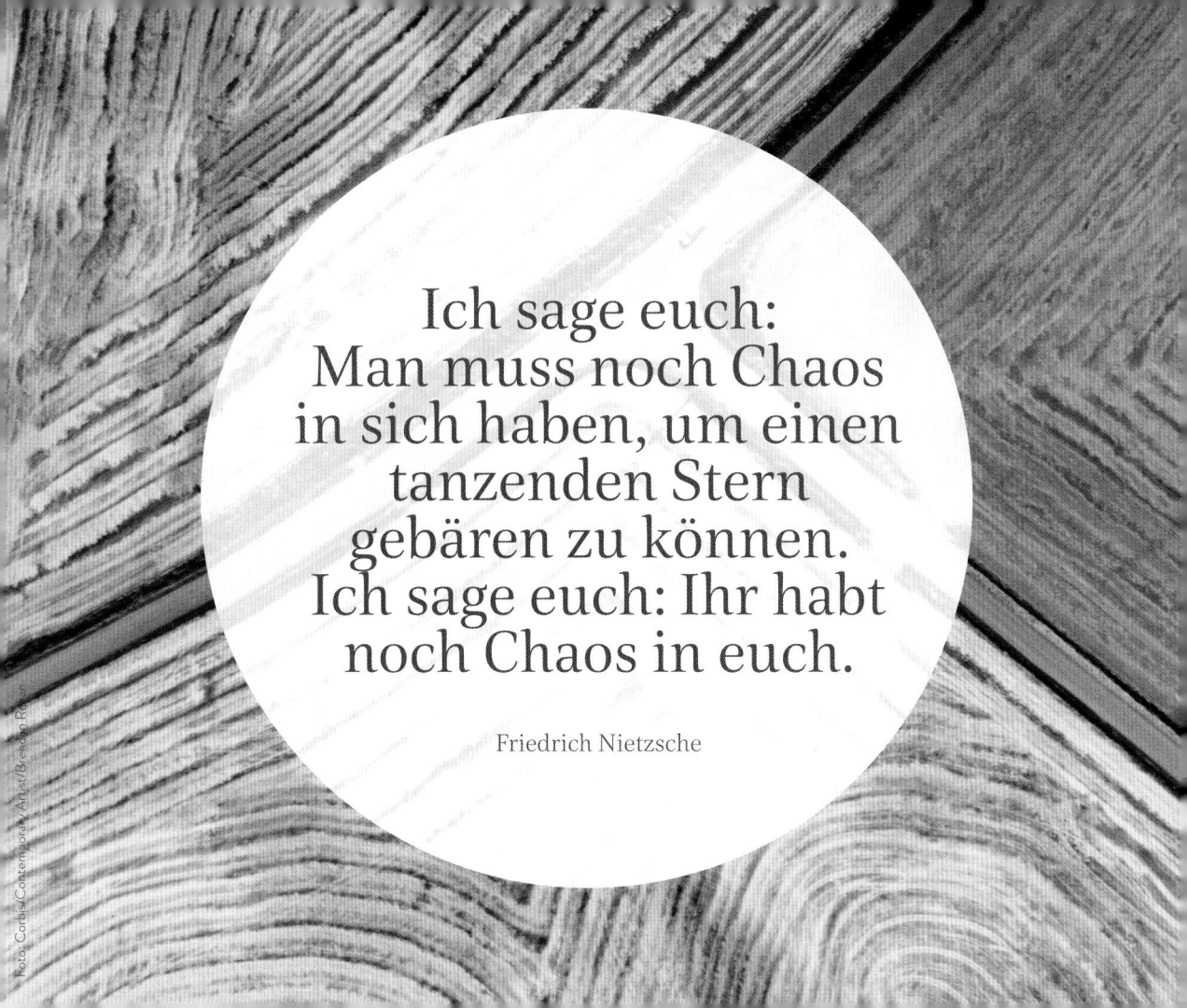

Ich sage euch:
Man muss noch Chaos
in sich haben, um einen
tanzenden Stern
gebären zu können.
Ich sage euch: Ihr habt
noch Chaos in euch.

Friedrich Nietzsche

ICH
WÜNSCHE DIR,
DASS ES JEMANDEN
IN DEINEM LEBEN GIBT,
DEM DU, SO KITSCHIG
DAS KLINGT, die Sterne
vom Himmel
HOLEN WÜRDEST.

HINGABE

Das Leben
ist gar nicht so.
Es ist ganz anders.

Bernd Winkel

ICH WÜNSCHE DIR
JEDE MENGE SPASS,
ENERGIE, FREUDE AN
SCHÖNEN DINGEN,
UNERSCHROCKENHEIT,
KEINE ANGST
VOR KONSEQUENZEN –
UND DAS ALLES,
WENN MÖGLICH,
JEDEN TAG!

Erst betrachte dich selber im

SPIEGEL,

dann rede.

aus China

Foto: Corbis/Creative/Marshall Sokoloff

WAS ICH DIR WÜNSCHE? DASS DU SO HANDELST, DASS DU DICH DANACH GUTEN GEWISSENS IM SPIEGEL ANSCHAUEN KANNST. UND DASS DU jemandem so wichtig bist, DASS ER DIR DEN SPIEGEL VORHÄLT, WENN DU EINEN ECHTEN FEHLER MACHST.

ICH WÜNSCHE
DIR NICHT, DASS
DEIN PULS STÄNDIG
AUF 180 IST – ABER
DASS ER AUCH mal
Achterbahn fährt
UND DURCH
DAS EIN ODER
ANDERE ABENTEUER
IN DIE HÖHE SCHIESST,
DAS WÜNSCHE
ICH DIR SCHON.

BEWEGUNG

MARATHON LAUFEN,
PALEO, VEGANISMUS –
DER LEISTUNGS-
UND GESUNDHEITSDRUCK
IST HOCH.
ICH WÜNSCHE DIR,
DASS DU DICH DAVON
AUCH MAL FREI MACHST
und im Hier und Jetzt
DEIN LEBEN GENIESST.

Ich bereue
nichts im Leben –
außer dem,
was ich nicht
getan habe.

Coco Chanel

Ab und zu sollte man abheben, um mit

LEICHTIGKEIT

über den Dingen zu schweben.

Karin Heinrich

ICH
WÜNSCHE DIR,
DASS DU
JEDE MENGE
GELEGENHEITEN
HAST,
*VOR FREUDE
IN DIE LUFT*
ZU SPRINGEN.

HÖR AUF,
DIR SELBST GRENZEN
ZU SETZEN.
Du bist frei
UND DU HAST
DIE WAHL.
ICH WÜNSCHE DIR,
DASS DU
DIESE FREIHEIT
NUTZT!

GRENZENLOSIGKEIT

ES GIBT
ÜBERALL
BLUMEN
für den, DER SIE
SEHEN WILL.

Henri Matisse

ICH
WÜNSCHE DIR
DIE GABE,

AUS JEDER SITUATION
DAS BESTE ZU MACHEN.

OB GUTE
ODER SCHLECHTE
ERINNERUNGEN –
BEIDE SIND WICHTIG
UND BESTANDTEILE
DEINER BIOGRAPHIE.
ICH WÜNSCHE DIR ABER,
DASS DU DICH vor allem
an die schönen
EREIGNISSE
IN DEINEM LEBEN
ERINNERST.

Für angenehme Erinnerungen muss man im Voraus sorgen.

Paul Hörbiger

ROTE WELLE AN
DER AMPEL,
PLÖTZLICHER
REGENSCHAUER
OHNE SCHIRM,
EIN ÜBERFÜLLTER
SUPERMARKT AM ABEND –
ich wünsche dir,
DASS DU DIR VON DINGEN,
DIE DU EH NICHT
BEEINFLUSSEN KANNST,
NICHT DEN TAG
VERDERBEN LÄSST.

GELASSENHEIT

Foto: Getty images/Paper Boat Creative

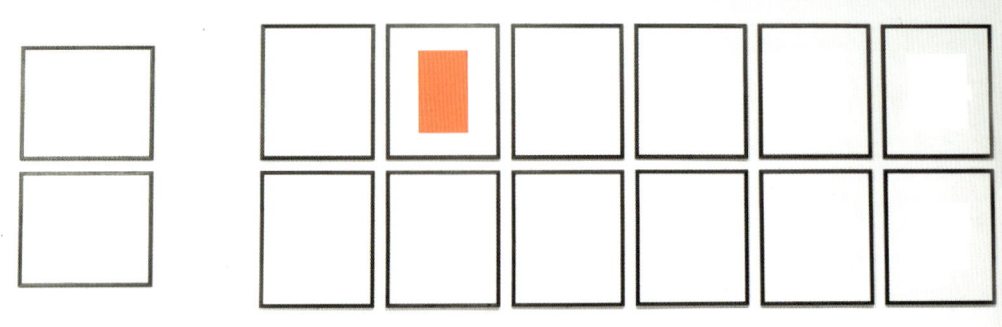

Unter Menschen gibt es viel mehr Kopien als

ORIGINALE.

Pablo Picasso

SEI EIN ORIGINAL!
ICH WÜNSCHE DIR,
DASS DU AUS DEINEM LEBEN
DEIN EIGENES
*GROSSARTIGES
KUNSTWERK*
MACHST, AN DAS MAN
SICH AUCH NOCH
HUNDERT JAHRE SPÄTER
ERINNERT.

Mach dich frei
von Erwartungen anderer.
Du kannst nicht
jedem gerecht werden,
und das erwartet
auch niemand von dir.

ICH
WÜN
SCHE

dir, dass du zuerst einmal
dir selbst gerecht wirst.

FREIHEIT

Dass du
Wesentliches von

UNWE
SENT
LICHEM

trennen kannst,
das wünsche ich dir.

Vom Mond betrachtet spielt das

GANZE

gar keine so große Rolle.

unbekannt

Foto: Getty Images/Jonathan Knowles

ICH
WÜNSCHE DIR,
DASS DU ÖFTER MAL
„BLAUMACHST"
UND ANS MEER FÄHRST.
ODER IN DIE BERGE.
*HAUPTSACHE,
AN DEN ORT,-*
AN DEN DU DICH
AM MEISTEN
SEHNST.

SEHNSUCHT

Foto: Stocksy/Paul Edmondson

**TU GUTES.
ICH WÜNSCHE
DIR,**

DASS DU WEISST, DASS DU EINE ROLLE SPIELST.
ALLES, WAS DU TUST, BEWIRKT ETWAS.

DIE GELEGENHEIT,
UNHEIL ANZURICHTEN,
BIETET SICH
HUNDERTMAL AM TAG,
und Gutes zu tun,
NUR EINMAL
IM JAHR.

Voltaire

ICH WÜNSCHE DIR, DASS DU IN DEN MENSCHEN UM DICH HERUM IMMER zuerst das Schöne siehst UND VORURTEILE KEINEN PLATZ FINDEN.

SCHÖNHEIT

ICH WÜNSCHE DIR,

DASS DU ÖFTER MAL AUF „ESCAPE"
DRÜCKST UND FÜR DIE WELT
UNERREICHBAR BIST.

DER IST
KEIN FREIER MENSCH,
DER SICH NICHT
*AUCH EINMAL
DEM NICHTSTUN*
HINGEBEN KANN.

Marcus Tullius Cicero

WENN DU
HEUTE AUFGIBST
WIRST DU
NIE WISSEN, *ob du
es morgen*
GESCHAFFT
HÄTTEST.

unbekannt

ICH WÜNSCHE DIR,

DASS DU DICH VON GESCHLOSSENEN TÜREN NICHT ABSCHRECKEN LÄSST. WENN DU ETWAS WIRKLICH WILLST, DANN SCHAFFST DU DAS AUCH. GANZ SICHER.

ICH WÜNSCHE DIR, DASS DU HINDERNISSE *als Herausforderung* UND NICHT ALS BEDROHUNG WAHRNIMMST.

AUSDAUER

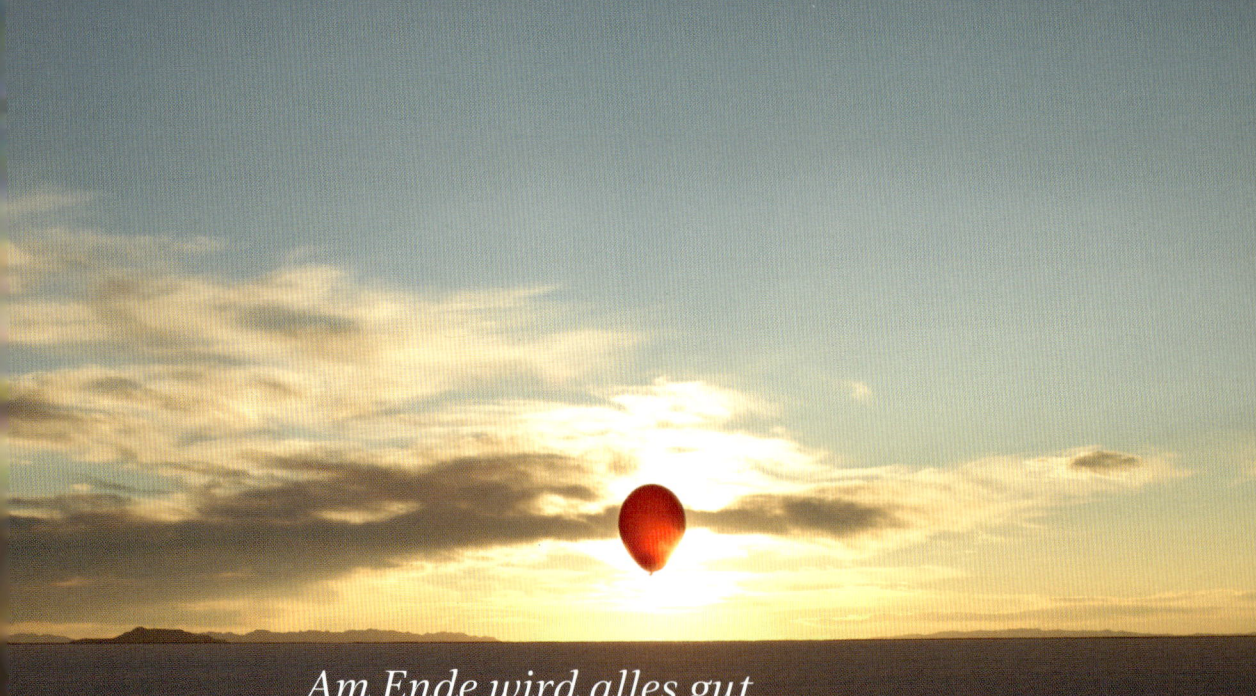

*Am Ende wird alles gut.
Wenn es nicht gut wird, ist es noch nicht das*

ENDE.

Oscar Wilde

Abgabefristen, Stress zuhause
und alle Pläne
werden durchkreuzt?
Kopf hoch! Ich wünsche dir,
dass du immer daran glaubst,
dass sich am Ende

EIN
ELÖS
UNG

findet, denn die findet sich
oft schneller,
als man denkt.

DASS DU
GANZ SPONTAN
DEINE FÜNF
SACHEN PACKST
UND DAS TUST,
*WORAUF DU
LUST HAST,*
DAS WÜNSCHE
ICH DIR.
WORAUF
WARTEST DU?

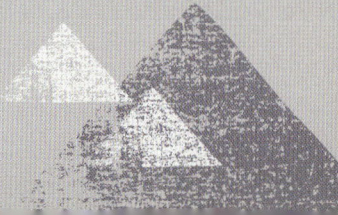

SPONTANEITÄT

BEKENNE FARBE!
SEI DU SELBST!
MACH DEN
UNTERSCHIED!
Ich wünsche dir
den Mut, AUCH MAL
AUS DER MASSE
HERVORZUSTECHEN.

Die mutigste Handlung ist immer noch, **LAUT** *zu denken.*

Coco Chanel

DREIERLEI
IST WICHTIG
IM LEBEN:
ERSTENS: *Toleranz.*
ZWEITENS: *Toleranz.*
DRITTENS: *Toleranz.*

Henry James

MENSCHEN SIND SO VERSCHIEDEN.

WAS FÜR EIN GLÜCK!
ICH WÜNSCHE DIR,
DASS DU IMMER OFFEN
UND TOLERANT GEGENÜBER
ANDEREN MENSCHEN,
ANDEREN MEINUNGEN BLEIBST.
AUCH WENN ES
MANCHMAL
SCHWER FÄLLT.

ALLES IST
DAS WERK
*DES
ZUFALLS.*

Lateinisches Sprichwort

WAS ICH DIR NOCH WÜNSCHE?

DASS DU DICH ENTSPANNT
ZURÜCKLEHNST UND DAS LEBEN
AUF DICH ZUKOMMEN LÄSST.
DIE SCHÖNSTEN GESCHICHTEN SCHREIBT
IMMER NOCH DER ZUFALL.

Hier werden Wünsche wahr.

Botschaften, die von Herzen kommen,
finden Sie auf:

www.groh.de
facebook.com/grohverlag

Die nachhaltige Waldbewirtschaftung und die verantwortungsvolle Gewinnung des Rohstoffs Papier ist uns ein Anliegen. Daher werden alle Buch- und Kalender-Neuheiten auf FSC®-zertifiziertem Papier gedruckt.

FSC
www.fsc.org

MIX
Papier aus verantwortungsvollen Quellen
FSC® C012700

TRÄUMEREIEN WÜNSCH DIR WAS
GLÜCK OPTIMISMUS KLEINE WUNDER
Einen guten Tag ein JA SCHENKEN

Unsere Wünsche stehen für das, wovon wir träumen und wonach wir streben. Wenn uns jemand etwas wünscht, bestärkt uns dies. Wir wissen: Ich bin nicht allein auf meinem Weg, jemand glaubt an mich. Ganz gleich, was man gerade braucht: viel Glück, viel Kraft oder etwas Mut. Seit 1928 formulieren und übermitteln wir bei GROH Wünsche, die von Herzen kommen. Alles Gute!

Ihr *Joachim Groh*

Dieses Buch entstand in enger Zusammenarbeit mit meinen Kolleginnen Stefanie Pfennig und Dorothée Bleker. Wir haben Ideen gesammelt, Gedanken sortiert, Texte verfasst und wieder verworfen, neu geschrieben und daran geschliffen, Zitate sorgfältig ausgewählt und geprüft, nach den außergewöhnlichsten Bildern gesucht und nicht aufgegeben, bis wir sie gefunden hatten. Mit unseren Grafikern haben wir die Gestaltung entwickelt und daran gefeilt, Cover und Farben abgestimmt und nicht locker gelassen, bis alle zufrieden waren. Wir haben uns über jedes Puzzlestück gefreut, das seinen Platz im großen Ganzen gefunden hat – und hier ist es nun: ein Geschenk, das von Herzen kommt.

Vielen Dank an alle Beteiligten!
Eva Eder

Idee und Konzept: GROH Verlag. Das Werk einschließlich seiner Teile ist urheberrechtlich geschützt. Jede Verwertung außerhalb der engen Grenzen des Urheberrechtsgesetzes ist ohne Zustimmung des Verlages unzulässig und strafbar. Das gilt insbesondere für Kopien, Einspeicherung und Verarbeitung in elektronischen Systemen. Printed in Malaysia.

Textnachweis: Wir danken allen Autoren, die uns freundlicherweise die Erlaubnis zum Abdruck ihrer Texte gegeben haben.

Bildnachweis: Cover: Corbis/Crave/Hello Lovely

Layout: Christin Bussemas, Ampersand Design & Fotografie

Satz: Petra Schmidt Grafik Design

ISBN 978-3-8485-1633-9
© GROH Verlag GmbH, 2016